AF381040

ÊTRE EFFICACE EN TÉLÉTRAVAIL

Conseils pour un travail à domicile efficace et organisé

Par Maïlys Charlier

50MINUTES.fr

ÊTRE EFFICACE EN TÉLÉTRAVAIL

- **Problématique ?** Comment travailler de manière efficace à la maison ? Quelles sont les clés pour gérer son temps en télétravail ?
- **Utilité ?** Le télétravail se révèle un véritable défi en termes de gestion du temps. Être capable de s'autodiscipliner à la maison vous permettra d'y être tout aussi efficace qu'au bureau.
- **Contexte professionnel ?** Travail à domicile, télétravail, gestion du temps, organisation personnelle.
- **FAQ ?**
  - Quels sont les métiers que l'on peut exercer en télétravail ?
  - Faut-il établir un contrat spécifique ?
  - Le télétravail est-il plus reposant que le travail au bureau ?
  - Que faire en cas de panne informatique ou matérielle ?
  - Que se passe-t-il en cas d'accident de travail ?

- <u>Que faire lorsque l'on est malade ?</u>
- <u>Quels sont les éléments à considérer avant de se lancer dans le télétravail (aspects juridiques, pratiques, logistiques, personnels, etc.) ?</u>

Relativement récent, le télétravail se pratique de plus en plus. Grâce à l'ère 2.0, aux smartphones et aux nombreuses applications de communication, il devient aisé – pour certains métiers en tout cas – de travailler de chez soi. Travailler à domicile est souvent considéré comme un avantage : on gagne du temps puisque cela permet d'économiser le trajet domicile-travail ; on évite également la fatigue des transports en commun ou des trajets en voiture et leur lot d'embouteillages quotidiens ; on gagne de l'argent en ne dépensant pas de carburant ou de tickets de transports ; on peut organiser sa journée comme on le souhaite ; on est libre de faire ce que l'on veut à sa pause de midi ; on évite les interruptions et les distractions fréquentes du bureau.

Mais télétravail n'est pas synonyme de farniente. Il s'agira d'apprendre à gérer son temps et à mieux s'organiser, ainsi que de se ménager un espace affecté spécifiquement à votre profession. Bien souvent, votre employeur sera d'autant plus exigeant que vous travaillez à domicile. En vous autorisant à faire du *homeworking,* il place sa confiance en vous et attend donc – à raison – un travail productif en retour. Il convient donc de s'interroger sérieusement sur tous les tenants et aboutissants d'une telle décision.

> « J'ai toujours eu beaucoup de difficultés à me concentrer. Alors dès que mon employeur le permet, je préfère travailler à la maison pour éviter un maximum de distractions. Mais le télétravail demande énormément d'autodiscipline ! Ce n'est vraiment pas évident d'être productif et de fournir le travail demandé en étant seule à la maison. » (Émeline, éditrice)

B.A.-BA DU TÉLÉTRAVAILLEUR PERFORMANT

TÉLÉTRAVAIL, CE TERME FLOU

Selon les textes de loi français, le télétravail renvoie à toute forme de travail effectué par un salarié hors des locaux de l'entreprise, et ce de manière récurrente, à l'aide des technologies de l'information. Travailler hors des locaux de l'entreprise ne signifie pas nécessairement travailler depuis chez soi : il existe des formes de télétravail qui s'effectuent soit dans un espace de *coworking*, soit en déplacement pour certains métiers. Si on prend le sens étymologique du mot, le télétravail est un travail effectué grâce aux techniques de la télécommunication (« télé » venant de « télécommunication »).

Il existe différentes formes de télétravail : le travail nomade, qui consiste à être constamment en mouvement et à exercer son travail hors des locaux de l'entreprise (un commercial, un consultant par exemple) ; le télétravail à domicile, qui consiste à travailler toute la semaine depuis son domicile ; le travail pendulaire, qui est une forme de travail alterné, c'est-à-dire que l'employé passe une partie de temps à travailler depuis son domicile et vient travailler quelques jours au sein de l'entreprise ; et enfin, le travail collaboratif, qui consiste à travailler sur des dossiers communs avec des personnes géographiquement éloignées, et ce, grâce aux logiciels *groupware* (logiciels permettant à plusieurs personnes de partager des documents à distance, comme Dropbox, Gmail, Skype, etc.).

Ce livret se penche principalement sur les cas du travail à domicile et du travail pendulaire.

POURQUOI TRAVAILLER À DOMICILE ?

De bonnes raisons

Pour le travailleur, cette méthode d'organisation du travail, qu'elle se pratique en temps plein ou sur un ou deux jours par semaine – le reste étant presté en entreprise –, présente de nombreux avantages.

- Le travailleur bénéficiera *a priori* d'une augmentation globale de sa qualité de vie (plus de temps pour soi, satisfaction, motivation, meilleure forme physique, etc.).
- Le gain sur le temps de trajet peut être affecté à d'autres choses, comme dormir une heure supplémentaire, faire un peu de sport dès le matin, méditer, etc. Ce qui a un impact non négligeable sur la santé.
- Il sera moins victime des interruptions et distractions qu'il peut y avoir dans un environnement de travail classique (collègues, *open space*, etc.).
- Puisque l'employé se trouve dans un environnement plus calme, il aura plus de facilités à se concentrer et sera *a priori* plus productif.

> « Je remarque que lorsque je travaille chez moi, je suis beaucoup plus efficace et rapide. C'est plus facile de se concentrer chez soi qu'au bureau où il est plus difficile de réfléchir correctement si un collègue téléphone juste à côté de soi ou lorsque des collègues discutent ensemble. À la maison, je suis au calme et personne ne me dérange. » (Stéphanie, journaliste)

- Il peut faire des économies sur les transports, les repas, etc.
- Sa motivation aura tendance à augmenter puisque l'employé est chez lui et est plus autonome quant à la gestion de son temps et de son organisation de travail.
- Il aura une plus grande flexibilité en cas d'urgence personnelle, de rendez-vous, etc.
- Enfin, le télétravail – à condition d'être bien organisé – réduit le stress tout au long de la journée (pas de trajets interminables, pas de collègues stressés ou stressants, etc.).

Les avantages du télétravailleur

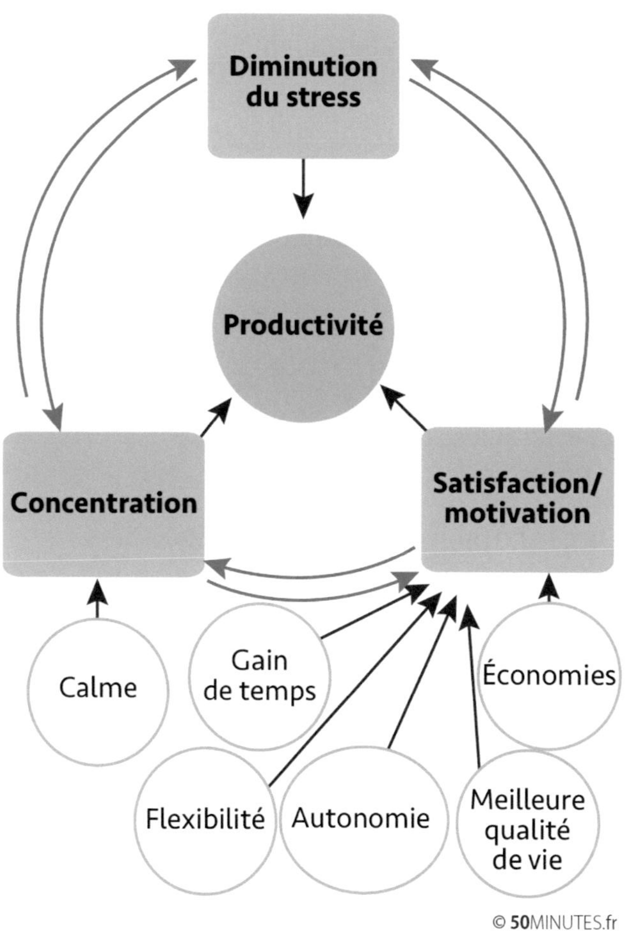

Quant à l'employeur, il bénéficie également d'un intérêt certain à accorder le télétravail aux salariés qui le souhaitent.

On observe une nette baisse de l'absentéisme et du présentéisme.

- Le télétravail génère également une augmentation du temps de travail réel de la part de l'employé : celui-ci perd moins de temps dans les transports et est donc plus disposé à faire moins de pauses ou des pauses moins longues.
- Le salarié étant chez lui, il fait généralement montre d'une plus grande flexibilité : il est plus facilement enclin à modifier son emploi du temps ou à travailler en décalé.

Des inconvénients non négligeables

Cependant, comme dans toute forme de travail, il existe également des inconvénients à travailler à domicile, tant pour l'employeur que pour l'employé. Ainsi, pour l'employeur, il reste des points plus difficiles à gérer :

- mise en place d'un encadrement spécifique ;
- difficulté de supervision ;
- diminution de la cohésion d'équipe ;

- risques accrus de mise en danger de la confidentialité ;
- frais matériels supplémentaires éventuels.

DÉFINIR DES INDICATEURS MESURABLES

S'il est difficile de contrôler le temps de travail du télétravailleur, son taux de rendement et son efficacité sont plus facilement mesurables. En effet, comme l'employé travaille de chez lui, il peut envoyer régulièrement des rapports mentionnant les tâches effectuées quotidiennement. Son employeur pourra donc évaluer ses performances directement.

Pour le télétravailleur également, la mise en place du télétravail peut demander un petit investissement de départ, l'aménagement d'un bureau à domicile par exemple. Mais les inconvénients majeurs se situent au niveau du contact avec les collègues, ainsi qu'au niveau de l'organisation personnelle, qui doit être rigoureuse. Nous reviendrons sur ces deux points par la suite.

Un espace de travail conforme

Ainsi, travailler à domicile n'est pas donné à tout le monde. Outre que le télétravail se fait bien évidemment dans un consentement mutuel du télétravailleur et de l'employeur, il faut encore considérer l'aspect matériel, puisque travailler à domicile requiert aussi une bonne installation informatique et un bureau à disposition. Est-ce le cas chez moi ? Puis-je compter sur ces différents éléments ? Ou sur un espace de *coworking* proche ? Suis-je prêt à faire les aménagements nécessaires ? Ces questions ont leur importance, car il est illusoire de croire que vous pourrez gérer des journées de travail régulières sur la table de votre cuisine ; non, il vous faut un espace dédié, bien éclairé et au calme.

Quant aux coûts de fonctionnement, vous avez tout intérêt à avoir un abonnement avec Internet haut débit illimité, au risque de voir votre télétravail vous coûter une petite fortune ! Sans compter qu'une connexion limitée vous ralentira dans la réalisation de vos tâches. À cela, ajoutez des frais de téléphone : vous serez très certainement amené à rester en contact avec vos collègues et vos supérieurs. Tout ceci peut cependant se discuter avec votre employeur, de manière à convenir d'une indemnisation raisonnable.

L'employeur devra également s'interroger sur ces questions avant d'accepter le télétravail pour un de ses employés. L'employé possède-t-il tout le matériel dont il a besoin pour travailler efficacement ? Faut-il prévoir un support technique en cas de panne ? Un moyen efficace de communication entre le télétravailleur, ses collègues et ses supérieurs a-t-il été mis en place ? L'assurance couvre-t-elle le matériel éventuellement prêté à l'employé ?

Une réflexion personnelle

Il convient également, et c'est là le point essentiel, de s'interroger sérieusement sur l'autodiscipline de fer que requiert ce type de travail. Certaines personnes seront beaucoup plus productives seules à la maison, alors que d'autres perdront en efficacité à peine sorties du cadre du bureau. Travailler à domicile, c'est trouver une autre organisation, un autre rythme de travail. Si vous travaillez chez vous comme au bureau, cette solution ne sera pas efficace et vous n'arriverez pas à être rigoureux.

Il faudra donc réfléchir et se poser les bonnes questions en amont : ai-je de bonnes raisons de vouloir télétravailler ? Suis-je capable de me débrouiller avec l'informatique ou autre aspect technique en cas de problème ? Mon travail exige-t-il une formation supplémentaire pour pouvoir l'effectuer à distance ? Suis-je prêt à être d'autant plus disponible pour les collègues et mon supérieur du fait que je travaille à distance ? Suis-je capable de gérer mon emploi du temps ? Ne serais-je pas tenté, distrait par mon environnement privé ? Suis-je capable de gérer vie privée et vie professionnelle sous le même toit ?

CLIN D'ŒIL EMPLOYEUR

Tout le monde n'est pas fait pour le télétravail. Tout le monde n'est pas capable d'être efficace de chez soi. À l'employeur de faire une sélection parmi ses employés désirant travailler à domicile. Le but du télétravail, du point de vue de l'employeur, est avant tout de stimuler l'autodiscipline de ses employés et d'augmenter leur motivation et leur productivité. Étant donné cet objectif, le télétravailleur devra être autonome, capable de gérer son temps et de se débrouiller facilement et rapidement en cas de problème. Autoriser le télétravail uniquement pour des raisons d'organisation familiale n'est pas suffisant. Il y a lieu d'analyser chaque situation particulière et d'en discuter avec chaque employé, au cas par cas, afin que le résultat soit fructueux pour les deux parties.

Un contrat dans les règles

Il existe différents aspects juridiques liés au télétravail et fluctuant suivant le pays où l'on réside. Une chose est sûre : si le salarié n'a pas envie de travailler à domicile, son employeur ne peut le forcer. Ce qui est réciproque : si une entreprise refuse de céder, l'employé ne peut exiger le télétravail à son employeur. Ensuite, si le télétravail n'est pas mentionné dans le contrat de travail, l'employeur se doit de signer un avenant avec son employé afin de rendre ce télétravail légal. Ainsi, les deux parties seront protégées en cas de litiges ou d'incidents. L'avenant détaillera le matériel mis à disposition du travailleur lorsqu'il œuvre de chez lui.

BIEN S'ORGANISER EN TÉLÉTRAVAIL

Le plus grand défi du télétravailleur sera donc de faire preuve d'autodiscipline et d'une bonne séparation entre le temps consacré à son emploi et celui dédié à sa vie privée, alors même que les deux se rejoignent en un même lieu.

Les bons réflexes

Les premiers gestes à avoir lorsque vous êtes en télétravail sont des gestes du quotidien, comme si vous vous rendiez au bureau : se lever dès que le réveil sonne, prendre sa douche, s'habiller, prendre son petit déjeuner. Agissez comme si vous alliez sortir de chez vous. Ces gestes matinaux sont essentiels pour démarrer une journée de travail efficace, une journée de travail « normale ». Par la force de l'inconscient, si vous restez en pyjama ou en pantoufles, vous aurez envie de traîner ou de vous recoucher ; vous aurez du mal à trouver la motivation pour vous mettre à la tâche.

L'espace de travail

Il est important d'avoir un espace fermé avec un bureau afin de s'isoler du quotidien de la maison et de ses tentations. Cet espace de travail doit être suffisamment éclairé, calme et aussi éloigné que possible des distractions telles que les bruits extérieurs, les odeurs de la cuisine, etc. Inutile également d'envisager votre lit ou votre canapé pour travailler, vous n'arriverez à rien de très productif. Travailler sur un bureau vous permet aussi d'avoir tous vos documents et outils de travail à portée de main. Si vous faites du télétravail votre quotidien, il faudra veiller à l'ergonomie de votre espace de travail (une chaise de bureau adaptée par exemple) afin d'éviter les problèmes de santé. Enfin, si les tâches professionnelles s'effectuent sur le matériel informatique de votre entreprise, il est préférable d'effectuer vos activités personnelles sur votre propre matériel.

Un planning en acier trempé

Étant donné que vous n'avez pas de hiérarchie présente à votre domicile, le chef, c'est vous. Mais ce n'est pas parce que l'on travaille à la maison que l'on peut s'octroyer une grasse matinée ou des horaires décalés. Or la tentation sera grande. Veillez, surtout au début, à garder des horaires fixes et à les respecter, afin de vous habituer à votre nouvelle « liberté » et de ne pas laisser le professionnel envahir le privé, et vice versa. Non seulement est-il plus professionnel de garder des horaires de bureau, mais travailler au même rythme que vos collègues vous rapprochera également d'eux et vous permettra d'avoir un meilleur rendement. Il serait contreproductif, par exemple, de négliger la pause de midi. Coordonnez-vous avec vos collaborateurs pour manger en même temps qu'eux.

Cela ne signifie cependant pas que vous devez garder exactement les mêmes horaires qu'avant, puisque vous gagnez du temps en n'ayant plus de trajet. Exploitez cette nouvelle donnée de la manière qui vous convient (heure de sommeil en plus, sport, peinture, lecture, etc.), mais ritualisez vos journées pour ne pas vous laisser distraire.

À vous donc d'établir un planning raisonnable ainsi qu'une liste de tâches à réaliser, et de vous y tenir. S'il est conseillé de respecter des horaires classiques, mieux vaut en revanche ne pas se fixer le même planning de tâches que lorsque l'on est au bureau. En effet, lorsque vous travaillez à domicile, votre rythme n'est pas le même : par exemple, il vous faudra moins de temps le matin avant de démarrer votre journée. Vous serez donc *a priori* moins éveillé que si vous aviez pris le chemin du bureau. Par conséquent, pensez à démarrer doucement la journée et à varier les tâches en fonction de ce nouveau rythme.

Soyez particulièrement attentif à mettre des priorités et à définir des objectifs quotidiens, réalisables en une journée de travail, afin, d'une part, de rester motivé en constatant le travail accompli – comme pour une journée classique au bureau –, mais surtout afin que vos supérieurs puissent mesurer une réelle avancée dans le labeur que vous fournissez hors des murs de l'entreprise. Prenez ainsi note de tout ce que vous réalisez durant vos heures de télétravail.

Prévoyez également des pauses fréquentes. Il n'est en effet pas rare que le télétravailleur culpabilise s'il quitte son poste de travail, alors qu'il le fait au bureau sans hésiter. Il est pourtant important – voire nécessaire – de prendre des pauses aussi à la maison. Comme vous le feriez sur votre lieu de travail avec vos collègues, prenez le temps d'un café, d'un thé. Attention, lorsque vous prenez une pause, n'oubliez pas d'en avertir le bureau, que ce soit simplement en vous mettant en mode « absent » sur la messagerie instantanée ou en leur écrivant directement.

Les atouts du télétravail

Nous parlions à l'instant de pauses traditionnelles, mais vous pouvez faire beaucoup mieux : profiter au maximum des avantages que vous avez en restant chez vous ! Utilisez votre temps de midi pour vous avancer dans l'une ou l'autre tâche ménagère, pour faire du sport, pour vous adonner à votre passion ou pour aller faire une course. Vous aérer et vous occuper à autre chose vous permettra de revenir plus concentré et plus motivé à votre travail. Ne restez pas assis derrière votre ordinateur toute la journée. Profitez au contraire de l'occasion que vous avez de vous lever fréquemment sans déranger personne : mettez-vous debout pour téléphoner, pour boire un thé, pour aller jeter un papier à la poubelle.

Vous avez un autre atout : la possibilité de changer d'environnement de travail si l'envie vous en prend. Ainsi, n'hésitez pas à sortir de chez vous pour vous installer dans un café, chez un ami travaillant également à domicile, dans une bibliothèque près de votre habitation, etc. Adaptez évidemment vos tâches en conséquence, suivant le matériel ou la concentration nécessaires.

Concentration rime avec productivité

Il n'est pas toujours facile de rester concentré. Lorsque vous êtes chez vous, s'il est vrai que vous ne subissez plus les interruptions générées par les collègues et les distractions liées au brouhaha du bureau, d'autres facteurs sont susceptibles d'éloigner votre attention de vos tâches professionnelles. Pour vous en sortir au mieux, la clé réside encore et toujours dans une bonne planification de vos activités.

Ainsi, si vous avez des enfants ou si votre compagnon/votre compagne rentre du bureau avant que vous ayez fini votre journée, songez à planifier les tâches demandant un effort de concentration plus grand lorsque vous êtes seul ou, si ce type d'horaire vous convient, une fois que vos enfants sont couchés. De façon générale également, pensez à alterner les tâches compliquées avec les tâches automatiques, cela vous aidera à mieux profiter des pleines capacités de votre cerveau tout au long de la journée.

Par ailleurs, nous vous déconseillons fortement d'imaginer que vous allez pouvoir exécuter vos tâches professionnelles correctement tout en vous occupant de la maison, du chiot, de bébé ou des enfants s'ils sont rentrés ou malades. Vous ne pouvez pas être disponible partout en même temps. Vouloir tout gérer à la fois, c'est courir droit à l'échec ou au burn out, parce qu'il est certain que l'un se fera aux dépens de l'autre. C'est pourquoi la séparation nette reste la meilleure option pour rester concentré. Si vous devez absolument être présent dans le privé pour une raison ou pour une autre, ne comptabilisez pas cela comme du temps de travail, et reportez vos tâches professionnelles à un moment plus propice, ou prenez congé auprès de votre employeur.

<u>Petit plus</u>

Afin d'éviter de s'éparpiller en commençant des tâches ménagères en plein milieu d'un dossier – ce qui, vous en conviendrez, n'est pas idéal pour la concentration et l'efficacité –, notez plutôt sur un petit bout de papier les quelques petites tâches ménagères (lancer une machine, aspirer le tapis du salon, etc.) auxquelles vous pensez et que vous pouvez effectuer lors de vos pauses. L'écrire vous évitera d'y penser pendant toute la journée.

Des proches impliqués

Il est primordial d'établir un « contrat » avec vos proches. Votre famille, votre conjoint, vos enfants, s'ils sont présents, doivent comprendre que lorsque vous vous installez derrière votre bureau, c'est comme si vous étiez au travail.

Imposez des règles afin qu'ils ne viennent pas vous perturber pendant vos heures de travail. Vous n'êtes pas disponible et votre entourage ne peut pas faire irruption à tout moment. Cela vaut également pour les proches et les amis libres en journée : qu'ils ne s'imaginent pas que parce que vous êtes chez vous, ils peuvent vous contacter sans retenue ou passer prendre le thé. De la même manière qu'ils ne vous appelleraient pas plusieurs fois par jour quand vous êtes au bureau, ils n'ont pas à venir vous déranger pendant vos heures de télétravail.

Suivant la même idée, soyez sûr de faire comprendre à ceux qui vivent sous le même toit que vous que ce n'est pas parce que vous êtes à la maison que vous avez soudainement beaucoup plus de temps libre pour faire le ménage ; oui, pourquoi pas une petite course urgente pendant une de vos pauses ; mais non, pas de grand nettoyage de printemps un jour de télétravail !

Tâchez à l'inverse de ne pas faire déborder votre temps de travail sur votre vie privée. Votre entourage sera plus à l'aise avec le fait que vous travaillez depuis la maison si vous ne les négligez pas au profit d'heures supplémentaires ou de débordement régulier de votre temps de travail. Dès que la journée est finie, éteignez votre ordinateur et quittez la pièce, comme si vous quittiez le bureau. Si vos horaires changent ou sont décalés, affichez-les dans la cuisine ou ailleurs afin que toute votre famille sache quand vous êtes disponible et quand vous ne l'êtes pas.

S'évaluer régulièrement

La difficulté, lorsque l'on est en télétravail, consiste à s'évaluer objectivement. Étant donné que le télétravailleur est livré à lui-même, il va devoir s'autoévaluer et faire régulièrement le bilan, quitte à repenser son organisation s'il constate qu'il n'est pas très productif.

Ainsi, à l'issue de votre première journée de télétravail, il y a déjà lieu de faire un bilan, afin de vérifier que vous êtes parti dans la bonne direction, et afin de rectifier immédiatement le tir si nécessaire. Parcourez votre liste de tâches et évaluez leur réalisation. Notez toutes vos remarques et comparez cet état des lieux au prochain afin de tirer des conclusions sur base de votre expérience, de vous améliorer et de rectifier ce qui ne fonctionne pas. Par la suite, faites le point régulièrement, idéalement sur une base hebdomadaire, et n'hésitez pas à revenir en arrière si quelque chose ne fonctionne pas ou si votre situation a changé.

	Oui	Non
Avez-vous effectué toutes les tâches prévues ?		
Avez-vous bien communiqué avec vos collègues ?		
Avez-vous envoyé un rapport à votre supérieur ?		
Avez-vous effectué des tâches supplémentaires ?		
Avez-vous respecté vos pauses ?		
Avez-vous débordé de votre emploi du temps ?		

À vous de voir également avec votre supérieur à quel moment il est plus opportun de faire un bilan ensemble. Faire le point avec votre employeur vous permettra de savoir si votre organisation de travail est optimale et correspond à ce qu'attend l'entreprise. Mais votre employeur pourra également se rendre compte du travail que vous fournissez lorsque vous êtes en télétravail.

LES RISQUES DU TÉLÉTRAVAILLEUR

Attention à l'isolement

Lorsque l'on est souvent en télétravail, il faut rester attentif à l'isolement professionnel, surtout si l'on travaille à distance de manière permanente. Ainsi, ne faites pas l'impasse sur des retours réguliers dans l'entreprise afin d'assister aux réunions ou aux événements organisés entre collègues. Ceci vous permettra de garder de bons rapports avec eux et de rester intégré à l'équipe.

Et lorsque l'on est en travail à la maison, communiquer uniquement par mail n'est pas idéal. Déterminez entre vous par quel moyen vous allez pouvoir communiquer de manière permanente. Choisissez une messagerie instantanée telle que Google Hangouts ou Skype. Si vous devez travailler de concert sur un même dossier, utilisez les outils de documents partagés et/ou un agenda collectif. Cela vous évitera de nombreux allers-retours inutiles et vous permettra de garder le contact, de partager vos idées, votre point de vue, ou d'aider un collègue si l'occasion se présente.

> « Lorsque je travaille à domicile, je reste en contact permanent par mail avec ma rédactrice en chef. Cela nous permet de ne pas écrire sur les mêmes thèmes et d'échanger des idées, des initiatives. » (Stéphanie, journaliste)

De la même manière, ne négligez pas les contacts avec la hiérarchie et montrez-vous présent et au fait des derniers développements de l'entreprise, même si ce n'est que par téléphone. Car le travail à domicile, c'est aussi le risque de rater des opportunités, de se laisser dépasser par des nouveaux projets dont on n'était même pas au courant.

Pour éviter ce phénomène, il est préférable de travailler un ou deux jours par semaine sur son lieu de travail ou, au moins, de revenir de temps en temps dans les bureaux. Revenir sur votre lieu de travail vous réconcilie avec votre identité professionnelle : non seulement vous maintenez le lien social avec vos collègues, vos collaborateurs et votre supérieur, mais vous êtes aussi moins susceptible de passer à côté de certaines opportunités de travail en raison de votre absence physique.

Travailler trop

Nous l'avons évoqué plus haut, un des plus grands dangers soulevés par les télétravailleurs est celui d'en faire trop, de ne plus pouvoir s'arrêter. Comme on économise sur les temps de trajet, on s'autorise à dépasser son temps de travail, parfois jusqu'à rallonger notablement ses journées de travail. Disposer de tous les outils de travail à domicile peut ainsi porter préjudice à sa vie privée. La tentation est grande de jeter un coup d'œil à ses e-mails, de répondre à quelques-uns, d'effectuer « rapidement » une petite tâche.

Mais ne pas pouvoir déconnecter et dépasser régulièrement les huit heures journalières peut conduire, sur le long terme, au burn out, ou en tout cas, à une tension permanente. Ici, un des intérêts majeurs du télétravail, qui est de réduire le stress de la vie professionnelle, disparaît. C'est pourquoi nous le répétons, le télétravail n'est pas adapté à toutes les situations ni à toutes les personnalités. La capacité à s'organiser et à se motiver seul est cruciale, et il faut également pouvoir se créer des limites si l'on veut éviter le burn out.

TOP CONSEILS

- Fixez-vous des limites. Télétravail ne veut pas dire heures supplémentaires et journées à rallonge. Si le télétravailleur est vite amené à en faire trop lors d'une journée de travail à domicile, il est extrêmement important pour son bien-être de se fixer les limites nécessaires et ne pas trop déborder de son emploi du temps officiel.
- Soyez un as de la hiérarchisation des priorités. Au moment de démarrer sa journée, il est parfois difficile de savoir par quel bout commencer : analysez rapidement les tâches à effectuer sur votre journée et mettez des priorités. Ainsi, les tâches les plus importantes seront terminées en premier, vous avancerez mieux et resterez motivé et concentré.
- Félicitez-vous lorsque vous avez terminé une tâche. Puisque le *homeworking* implique de travailler de manière autonome, il est important de s'auto-congratuler pour garder sa motivation. Si vous avez besoin d'un avis extérieur, envoyez un mail à un collègue ou à

votre supérieur pour recevoir les félicitations dont vous avez besoin.

- Planifier des objectifs réalisables en une seule journée, afin que la motivation soit toujours au rendez-vous. À la fin de la journée, lorsque vous regarderez la liste des tâches effectuées, vous vous rendrez mieux compte du travail abattu et serez fier de ce que vous avez accompli.
- N'hésitez pas à travailler ailleurs (dans un café, dans un *working space,* dans une bibliothèque, etc.). Vous n'en pouvez plus de voir votre intérieur ? Il y a un rayon de soleil à l'extérieur ? Prenez votre ordinateur et allez travailler quelques heures ailleurs. Veillez tout de même, s'il s'agit de vous installer en terrasse par exemple, à n'y effectuer que les tâches qui demandent une concentration minimale.
- Créez-vous un espace de travail agréable, confortable et ergonomique. Cela vous permettra de vous sentir « comme au bureau » et d'être plus performant.
- Déconnectez. Il est primordial de faire des pauses afin de reposer son cerveau et de garder sa motivation et sa concentration. Souvent, lorsqu'on travaille à domicile, on oublie de

faire des pauses. Pourtant, souvenez-vous de vos longues périodes d'étude pour préparer un examen : ne faisiez-vous pas de pauses ? En télétravail, c'est la même chose, les pauses sont nécessaires pour garder l'esprit clair.

> « Quant à mes pauses, je les fais plus courtes, car j'en ai moins besoin que lorsque je suis au bureau. Et ces pauses me permettent surtout de faire de petites tâches ménagères comme lancer une machine à laver ou faire bouillir une soupe. » (Stéphanie, journaliste)

- Faites régulièrement des bilans de vos journées de télétravail. Évaluez-vous après une journée ou une semaine afin de prendre conscience du travail abattu. Cela vous aidera à voir ce que vous pouvez améliorer et à déterminer pour quelles raisons tel jour a été moins productif que tel autre.
- Pour évacuer votre quotidien de vos pensées, notez sur une liste toutes les tâches ménagères que vous avez à faire. Si elles sont notées, vous y penserez moins. De plus, si vous profitez d'une pause pour effectuer l'une de ses tâches, cela vous permettra de la rayer de la liste et de vous remettre au travail, plus satisfait.

FAQ

QUELS SONT LES MÉTIERS QUE L'ON PEUT EXERCER EN TÉLÉTRAVAIL ?

Tous les métiers ne peuvent être exercés hors des bureaux de l'entreprise. Cependant, grâce à l'évolution rapide des nouvelles technologies de l'information de la communication, de plus en plus d'emplois sont concernés. On peut citer par exemple les professions liées à la finance, les architectes, les métiers de l'informatique (analystes, programmeurs, développeurs, webmasters, etc.), les spécialistes de l'information (journalistes, rédacteurs, éditeurs, photographes), les métiers de création tels que les publicitaires, graphistes, auteurs, comédiens, musiciens, etc. De manière générale, presque tous les emplois de bureau (traitement de texte, télévente, comptabilité, etc.) sont susceptibles de s'effectuer à domicile, mais ceux qui s'y prêtent le mieux sont évidemment ceux dont les résultats peuvent être mesurés concrètement, à l'aide d'indicateurs plus ou moins objectifs.

FAUT-IL ÉTABLIR UN CONTRAT SPÉCIFIQUE ?

Si le télétravail n'est pas mentionné dans le contrat de base de l'employé, il y a lieu d'ajouter un avenant au contrat de travail afin de mentionner certains points d'accord liés au télétravail, comme la fréquence hebdomadaire du télétravail, les moments où l'employé devra être joignable et le remboursement éventuel des frais engagés par le télétravailleur (Internet, téléphone, etc.). Parallèlement à cet avenant, l'employeur devra mentionner par écrit (par exemple par mail) la description des tâches à effectuer depuis la maison et le rapport éventuel que l'employé devra fournir à son supérieur.

LE TÉLÉTRAVAIL EST-IL PLUS REPOSANT QUE LE TRAVAIL AU BUREAU ?

Cette forme de travail peut avoir des effets bénéfiques sur le stress et la fatigue engendrés par la vie professionnelle. En effet, on économise un temps de trajet parfois considérable, qui peut être affecté à des activités profitables telles que dormir une heure supplémentaire, faire un peu de sport dès le matin, méditer, etc. On est donc également plus détendu, moins pressé par le temps, les embouteillages ou le stress de rater son train. Par ailleurs, l'environnement calme de la maison vide favorise a priori la concentration, et donc la productivité, par opposition aux nombreuses distractions du bureau. Si l'on considère ces quelques facteurs, le télétravail peut effectivement se révéler plus reposant que le travail traditionnel.

Pourtant, selon une étude de l'institut polytechnique Rensselaer de New York (Golden (Timothy D.), *Altering the Effects of Work and Family Conflict on Exhaustion: Telework During Traditional and Nontraditional Work Hours*, New York, Springer Science+Business Media LLC, 2011), les télétravailleurs auraient tendance à travailler plus depuis leur domicile que leurs collègues au bureau, au risque parfois de frôler le burn out... En effet, le fait de devoir être flexibles et disponibles mettrait les télétravailleurs sous pression. De plus, certaines personnes rencontrent des difficultés à jongler entre vie privée et vie professionnelle, ce qui rend leur journée de télétravail éreintante, tant mentalement que physiquement.

QUE FAIRE EN CAS DE PANNE INFORMATIQUE OU MATÉRIELLE ?

La première chose à faire est de prévenir son employeur et ses collègues directs de la panne survenue, que celle-ci soit informatique, Internet ou autre. Ensuite, le travailleur a l'obligation de tout mettre en œuvre afin de réparer cette panne au plus vite et d'informer son supérieur sur l'avancement de la réparation. L'employeur devra néanmoins payer le salarié même si celui-ci n'a pas pu fournir le travail demandé à cause de cette panne.

Dans cette optique, veillez à être à l'aise avec tous les outils avec lesquels vous êtes amené à travailler, afin de pouvoir régler rapidement les éventuels bugs sans devoir appeler le technicien à tout bout de champ. N'hésitez pas à demander à votre employeur une formation pour tel ou tel programme utile à votre fonction.

QUE SE PASSE-T-IL EN CAS D'ACCIDENT DE TRAVAIL ?

Est considéré comme accident de travail tout accident qui se produit à l'endroit repris sur le contrat de travail, ou sur le trajet entre le domicile du salarié et son lieu de travail. Cet accident doit aussi se produire pendant la période renseignée sur ledit contrat pour être considéré comme étant à caractère professionnel.

Dès lors, la législation concernant les accidents de travail en *homeworking* reste assez floue et ce sera au travailleur d'apporter les preuves que l'accident s'est produit au cours de l'exécution de ses tâches professionnelles. La procédure sera évidemment facilitée si le salarié est victime d'un accident sur le lieu et pendant les heures éventuellement déterminés dans son contrat de travail. Mais en cas de litige entre employeur et employé sur le caractère professionnel ou non de l'accident, la décision finale reviendra à l'appréciation du juge.

QUE FAIRE LORSQUE L'ON EST MALADE ?

Quand on travaille régulièrement à domicile, on est tenté de travailler même si on est malade, estimant qu'à la maison, ce sera moins pénible. Cependant, il y a lieu de ne pas tenir compte du fait que l'on télétravaille, afin de pouvoir se reposer réellement. Il s'agit donc de se poser la question : « Si je devais me rendre au bureau, est-ce que je serais en état de le faire ? » Si la réponse est non, il faudra consulter un médecin et déclarer forfait, au lieu de travailler moins bien de la maison. Dans ce cas, il y aura lieu de procéder comme si vous n'étiez pas en télétravail : prévenez votre employeur et fournissez-lui un certificat d'incapacité de travail le plus rapidement possible.

QUELS SONT LES ÉLÉMENTS À CONSIDÉRER AVANT DE SE LANCER DANS LE TÉLÉTRAVAIL (ASPECTS JURIDIQUES, PRATIQUES, LOGISTIQUES, PERSONNELS, ETC.) ?

Avant de se lancer dans le télétravail, il y a lieu de vérifier certains aspects afin de s'assurer que vous êtes fin prêt.

- Tout d'abord, l'aspect pratique et logistique : disposez-vous d'un espace de travail éloigné des perturbations extérieures et/ou familiales ? Possédez-vous un bureau destiné au travail ?
- Du point de vue technique, l'ordinateur professionnel peut-il se brancher correctement chez vous ? Est-ce que tout fonctionne ou avez-vous besoin de faire quelques installations supplémentaires ?
- L'aspect personnel ne doit pas être négligé non plus. Êtes-vous seul en journée ? Votre famille est-elle bien prévenue que vous n'êtes pas disponible pour eux pendant les heures de bureau ?

- Enfin, l'aspect juridique a également son importance. À vous de vérifier s'il existe une clause concernant le télétravail dans votre contrat. Au besoin, demandez un avenant à votre employeur afin de l'annexer à votre contrat.

À VOUS DE JOUER !

LA MÉTHODE FLY LADY APPLIQUÉE AU TÉLÉTRAVAIL

Le principe de Fly Lady fait fureur aux États-Unis et est, à l'origine, destiné aux femmes au foyer. L'idée est de procéder par petites étapes (des *babysteps*) et de ranger et nettoyer zone par zone. Applicable sur une semaine, la méthode de Fly Lady consiste à nettoyer 15 minutes par-ci, 15 minutes par-là, les différentes pièces de la maison, en suivant un plan de ménage et une liste de tâches quotidiennes. Les autres recommandations reposent notamment sur l'établissement d'une routine du matin et du soir et une heure de rangement plus poussé une fois par semaine.

La méthode est applicable au télétravail, afin d'évoluer dans un environnement rangé et facilitant la concentration. Par exemple, profitez d'une pause pour ranger la surface de votre bureau. Demain, vous vous attaquerez au premier tiroir. Le but de la méthode Fly Lady est de commencer léger et d'instaurer des routines. La première semaine, vous ne faites qu'une tâche par jour. La seconde semaine, vous ajoutez une tâche en plus par jour. Et ainsi de suite jusqu'à venir à bout du désordre et à intégrer une routine quotidienne afin de maintenir l'ordre (dans vos dossiers, dans vos e-mails, sur votre bureau, dans le suivi de vos projets, etc.).

Exemple de plan sur base hebdomadaire

Semaine	Lundi
0	Préparer mon planning de la semaine.
1	Préparer mon planning de la semaine ; préparer les menus de la semaine et faire ma liste des courses.
2	Préparer le planning et les menus de la semaine ; faire le point dans mon agenda : quels sont les anniversaires/sorties/réunions qui arrivent ? Y a-t-il des cadeaux à acheter, des documents à imprimer ? Quels week-ends ne suis-je pas libre ?
3	…

Semaine	Mardi	Mercredi
0	Jeter tout ce qui est cassé ou inutilisable sur mon bureau et ranger ce que je n'utilise pas quotidiennement.	Noter sur des Post-it ce que je ne dois surtout pas oublier de faire pour le travail.
1	Ranger ou jeter ce qui traîne sur mon bureau ; lancer une lessive.	Regarder les Post-it et les mettre à jour si besoin.
2	Ranger ou jeter ce qui traîne sur mon bureau ; lancer une lessive ; faire du tri dans mon carnet.	Regarder les Post-it et les mettre à jour ; nettoyer la salle de bains.
3	...	...

Semaine	Jeudi	Vendredi
0	Préparer mes vêtements pour le lendemain matin.	Faire le point sur les projets en cours, noter ce qui me motive et m'inspire.
1	Préparer mes vêtements pour le lendemain matin ; faire le ménage dans ma boîte mail.	Faire le point sur les projets en cours ; prendre un peu de temps pour moi.
2	Préparer mes vêtements pour le lendemain matin ; faire le ménage dans ma boîte mail ; faire du rangement dans mes dossiers d'ordinateur.	Faire le point sur les projets en cours ; mettre de l'ordre dans ma bibliothèque.
3	…	…

Votre avis nous intéresse !
Laissez un commentaire sur le site de votre
librairie en ligne et partagez vos coups de cœur sur
les réseaux sociaux !

POUR ALLER PLUS LOIN

SOURCES BIBLIOGRAPHIQUES

- BALLONAD ROLLAND (Diane), « Bien s'organiser pour mieux travailler de chez soi », in *Easy-socialmedia.com*, février 2014, consulté le 12 décembre 2015.
http://www.easy-socialmedia.com/bien-sorganiser-pour-mieux-travailler-de-chez-soi/

- COURTE (Jean-Christophe) et LUKINO (Jacques), *Comment travailler... chez soi*, Paris, Eyrolles, 2006.

- DARCHE (Charlotte), « Pourquoi les Français aiment le télétravail ? », in *LeFigaro*, mai 2015, consulté le 15 janvier 2016.
http://www.lefigaro.fr/emploi/2015/05/10/09005-20150510ARTFIG00055-pourquoi-les-francais-aiment-le-teletravail.php

- GOLDEN (Timothy D.), *Altering the Effects of Work and Family Conflict on Exhaustion: Telework During Traditional and Nontraditional Work Hours*, étude de l'Institut Polytechnique Rensselaer, New York, Springer Science+Business Media LLC, 2011.

- GOMBERT (Guirec), « 12 conseils pour bien télétravailler », in *Mode(s) d'emploi*, mai 2013, consulté le 12 décembre 2015.
  http://www.blog-emploi.com/12-conseils-pour-teletravailler/

- LE BRETON (Marine), « Télétravail : 10 conseils pour réussir à travailler chez soi », in *Le HuffPost*, mai 2014, consulté le 12 décembre 2015.
  http://www.huffingtonpost.fr/2014/05/06/teletravail-conseils-pour-y-arriver_n_5273344.html

- « Le télétravail serait-il mauvais pour la santé ? », in *LeVif.be*, décembre 2015, consulté le 12 décembre 2015.
  http://www.levif.be/actualite/sante/le-teletravail-serait-il-mauvais-pour-la-sante/article-normal-440043.html

- ROBILLART (Olivier), « Travail à domicile : les employés se disent plus productifs », in *Clubic pro*, décembre 2014, consulté le 15 janvier 2016.
  http://pro.clubic.com/actualite-e-business/actualite-743317-employes-productifs-travaillent-maison.html

- TACHOT (Aurélie), « Huit astuces pour bien débuter en télétravail », in *Jeteletravaille.fr*, juin 2010, consulté le 12 décembre 2015.
  http://www.jeteletravaille.fr/index.php?id=1006

- « Télétravail : ce qui est autorisé, ce qui ne l'est pas », in *Jobat.be*, consulté le 12 décembre 2015.
  http://www.jobat.be/fr/articles/teletravail-ce-qui-est-autorise-ce-qui-ne-lest-pas/

- « Télétravail : définition et cadre juridique », in
  JournalduNet.com, dernière mise à jour mars 2016,
  consulté le 4 janvier 2016.

- http://www.journaldunet.com/management/
  pratique/contrats/13934/teletravail-defini-
  tion-et-cadre-juridique.html

- « Télétravail et (auto-)leadership : un vrai ping-
  pong ! », in *Ascento,* septembre 2015, consulté le
  15 janvier 2016.
  http://www.ascento.be/fr/nouvelles/
  detail/t%C3%A9l%C3%A9travail-et-auto-lea-
  dership-un-vrai-ping-pong

- TURBÉ-SUETENS (Nicole), MAZENOD (Xavier de),
  « Petit manuel du télétravailleur. Comment s'y
  mettre ? », in *Adverbe*, juillet 2006, consulté le
  12 décembre 2015.
  http://www.adverbe.com/2006/09/14/
  manuel-du-teletravailleur-a-telecharger/

SOURCE COMPLÉMENTAIRE

- BÉRÉZIAT (Alain), TURBÉ-SUETENS (Nicole) et
  LAGORCE (Jacques), *Travail et activités à distance*,
  Paris, Éditions d'Organisation, 1999.

ISBN ebook : 978-2-8062-7722-0
ISBN papier : 978-2-8062-7723-7
Dépôt légal : D/2016/12603/127
Photo de couverture : © gpointstudio – Fotolia.com

Conception numérique : Primento,
le partenaire numérique des éditeurs